BEI GRIN MACHT SICH IHR WISSEN BEZAHLT

AF154782

- Wir veröffentlichen Ihre Hausarbeit,
  Bachelor- und Masterarbeit

- Ihr eigenes eBook und Buch -
  weltweit in allen wichtigen Shops

- Verdienen Sie an jedem Verkauf

Jetzt bei www.GRIN.com hochladen
und kostenlos publizieren

Bibliografische Information der Deutschen Nationalbibliothek:

Die Deutsche Bibliothek verzeichnet diese Publikation in der Deutschen National-
bibliografie; detaillierte bibliografische Daten sind im Internet über http://dnb.d-
nb.de/ abrufbar.

Dieses Werk sowie alle darin enthaltenen einzelnen Beiträge und Abbildungen
sind urheberrechtlich geschützt. Jede Verwertung, die nicht ausdrücklich vom
Urheberrechtsschutz zugelassen ist, bedarf der vorherigen Zustimmung des Verla-
ges. Das gilt insbesondere für Vervielfältigungen, Bearbeitungen, Übersetzungen,
Mikroverfilmungen, Auswertungen durch Datenbanken und für die Einspeicherung
und Verarbeitung in elektronische Systeme. Alle Rechte, auch die des auszugsweisen
Nachdrucks, der fotomechanischen Wiedergabe (einschließlich Mikrokopie) sowie
der Auswertung durch Datenbanken oder ähnliche Einrichtungen, vorbehalten.

Impressum:

Copyright © 2013 GRIN Verlag, Open Publishing GmbH
Druck und Bindung: Books on Demand GmbH, Norderstedt Germany
ISBN: 9783668293441

Dieses Buch bei GRIN:

http://www.grin.com/de/e-book/340039/der-zusammenhang-von-koerper-und-
gesellschaft

Verena Fendl

Der Zusammenhang von Körper und Gesellschaft

Thesenpapier und Literaturliste für die mündliche Prüfung

GRIN Verlag

GRIN - Your knowledge has value

Der GRIN Verlag publiziert seit 1998 wissenschaftliche Arbeiten von Studenten, Hochschullehrern und anderen Akademikern als eBook und gedrucktes Buch. Die Verlagswebsite www.grin.com ist die ideale Plattform zur Veröffentlichung von Hausarbeiten, Abschlussarbeiten, wissenschaftlichen Aufsätzen, Dissertationen und Fachbüchern.

Besuchen Sie uns im Internet:

http://www.grin.com/

http://www.facebook.com/grincom

http://www.twitter.com/grin_com

Verena Fendl
NDL (HF), Germanistische Linguistik (NF), Soziologie (NF)
Matrikelnummer: 4044019

Thesenpapier und Literaturliste für die mündliche Prüfung im Magister-nebenfach Soziologie

Thema: **Der Zusammenhang von Körper und Gesellschaft**

Zu diesem Thema wurden die nachstehenden vier Thesen aufgestellt:

1. These: Körperarbeit ist Selbst-Ermächtigung und gleichzeitig Selbst-Unterwerfung.

2. These: Der BMI als gesellschaftliche Norm wird zu einem Werteurteil über die Menschen.

3. These: Das jeweils gültige Schönheitsideal wird von den Menschen deshalb nicht ignoriert, weil suggeriert wird, das seine Umsetzung von Nutzen ist.

4. These: Schönheitschirurgie als Ausdruck aktueller Biopolitik befindet sich auf dem Weg zur Normalität.

Inhalt

Literaturliste

Thesenübergreifende Grundlagenliteratur:

Alkemeyer, Thomas (2007): Aufrecht und biegsam. Eine Geschichte des Körperkults. In: APuZ 18/2007, S. 6-18

Bröckling, Ulrich (2003): Menschenökonomie, Humankapital. Eine Kritik der biopolitischen Ökonomie, in: Mittelweg 36, 12. Jg./H1, S. 3-22

Duden, Barbara (2008): Frauen-„Körper": Erfahrung und Diskurs. In: Becker, Ruth/ Kortendiek, Beate (Hg.): Handbuch Frauen- und Geschlechterforschung. Wiesbaden: VS, S. 593-607

Foucault, Michel (1977): Sexualität und Wahrheit. Bd. 1: Der Wille zum Wissen. Frankfurt a. M.: Suhrkamp, S. 159-177

Gugutzer, Robert (2010): Soziologie des Körpers. Bielefeld: Transcript

Hardt, Michael/ Negri, Antonio (2003): Empire. Die neue Weltordnung. Frankfurt a. M.: Campus, S. 37-55; 300-305

Lemke, Thomas (2007): Biopolitik. Zur Einführung. Hamburg: Junius, S. 9-17; 47-70; 71-100

Lorenz, Maren (2000): Leibhaftige Vergangenheit. Einführung in die Körpergeschichte. Tübingen: edition diskord, S. 15-41

Schroer, Markus (2005): Zur Soziologie des Körpers. In: ders. (Hg.): Soziologie des Körpers. Frankfurt a. M.: Suhrkamp, S. 7-26

van der Daele, Wolfgang (2005): Einleitung: Soziologische Aufklärung zur Biopolitik. In: ders. (Hg.): Bioplitik. Leviathan Sonderheft 23/2005, S. 7-41

Villa, Paula-Irene (2006): Sexy Bodies. Eine soziologische Reise durch den Geschlechtskörper. Wiesbaden: VS

Villa, Paula-Irene (2008a): Körper. In: Baur, Nina/ Korte, Hermann/ Löw, Martina/ Schroer, Markus (Hg.): Handbuch Soziologie. Wiesbaden: VS, S. 201-218

Villa, Paula-Irene (2009): Feministische und Geschlechtertheorien. In: Kneer, Georg/ Schroer, Markus (Hg.): Handbuch Soziologische Theorien. Wiesbaden: VS, S. 111-132

Literatur zu den einzelnen Thesen:

1. These:

Villa, Paula-Irene (2008b): Einleitung – Wider die Rede vom Äußerlichen. In: dies. (Hg.): schön normal. Manipulationen am Körper als Technologien des Selbst. Bielefeld: transcript, S. 7-19

Villa, Paula-Irene (2008c): Habe den Mut, Dich Deines Körpers zu bedienen! Thesen zur Körperarbeit in der Gegenwart zwischen Selbstermächtigung und Selbstunterwerfung. In: dies. (Hg.): schön normal. Manipulationen am Körper als Technologien des Selbst. Bielefeld: transcript, S. 245-272

2. These:

Klotter, Christoph (2008): Von der Diätetik zur Diät – Zur Ideengeschichte der Adipositas. In: Schmidt-Semisch, Henning/ Schorb, Friedrich (Hg.) (2008), S. 21-34

Kreisky, Eva (2008): Fitte Wirtschaft und schlanker Staat: das neoliberale Regime über die Bäuche. In: Schmidt-Semisch, Henning/ Schorb, Friedrich (Hg.) (2008), S. 143-161

Schmidt-Semisch, Henning/ Schorb, Friedrich (Hg.) (2008): Kreuzzug gegen Fette. Sozialwissenschaftliche Aspekte des gesellschaftlichen Umgangs mit Übergewicht und Adipositas. Wiesbaden: VS

Schorb, Friedrich (2008): Keine „Happy Meals" für die Unterschicht! Zur symbolischen Bekämpfung der Armut. In: Schmidt-Semisch, Henning/ ders. (Hg.) (2008), S. 107-124

Villa, Paula-Irene/ Zimmermann, Katharina (2008): Fitte Frauen – Dicke Monster? Empirische Exploration zu einem Diskurs von Gewicht. In: Schmidt-Semisch, Henning/ Schorb, Friedrich (Hg.) (2008), S. 171-189

3. These:

Posch, Waltraud (2009): Projekt Körper. Wie der Kult um die Schönheit unser Leben prägt. Frankfurt a. M.: Campus

4. These:

Maasen, Sabine (2008): Bio-ästhetische Gouvernementalität – Schönheitschirurgie als Biopolitik. In: Villa, Paula-Irene (Hg.) (2008): schön normal. Manipulationen am Körper als Technologien des Selbst. Bielefeld: transcript, S. 99-118

Meili, Barbara (2008): Experten der Grenzziehung – Eine empirische Annäherung an Legitimationsstrategien von Schönheitschirurgen zwischen Medizin und Lifestyle. In: Villa, Paula-Irene (Hg.) (2008): schön normal. Manipulationen am Körper als Technologien des Selbst. Bielefeld: transcript, S. 119-142

1.These

Die 1. These wird aus dem Aufsatz von Villa „Habe den Mut dich deines Körpers zu bedienen" formuliert. Dieser Aufsatz ist der letzte Beitrag in ihrem Buch „Schön normal. Manipulationen am Körper als Technologien des Selbst.

Die Einleitung hat Villa verfasst und wird nachstehend kurz skizziert, das Allgemeine bzw. die verschiedenen Perspektiven sind für die 1. These als Hintergrundwissen nützlich.

Einleitung:
Man denke an Nachmittagsfernsehsendungen wie *Spieglein, Spieglein*...Die Menschen machen alles, um sich zu verwandeln in die, die sie sein **sollen**.
Was zeigt das Buch:
- die äußerliche Körperarbeit ist immer auch Arbeit am sozialen Selbst
- sie ist Selbstermächtigung aber auch Unterwerfung unter gnadenlose Normen
- die ‚Arbeit am Selbst' ist keine rein subjektive, individuelle ‚Privatangelegenheit' von souveränen, handlungsrationalen, freien und selbstbewussten Menschen, sondern die Entscheidungen über den eigenen Körper sind hochgradig normativ
- es geht um die Gleichzeitigkeit von individueller Autonomie einerseits und Beherrschung des Individuums andererseits (diese Gleichzeitigkeit ist auch Thema von Villas Aufsatz und wird Thema unserer 1. These)
- es geht um Normalisierungsarbeit wegen gesellschaftlicher Teilhabe, Zugehörigkeit, Anerkennung (Davis, Gilman)
- wer sich nicht dauernd optimiert und hart an sich selbst arbeitet, verdient keine Anerkennung (Bröckling)
- Dicksein = Mangel an Selbstbeherrschung (Morgan)
- Schönheitschirugie stiftet eine besondere und qualitativ neue Form von Sozialität = normatives Gemeinwohl und Autonomie (Maasen)
- Legitimationsstrategien der Schönheitschirurgen (Meili)
- wer sich nur noch um seinen Körper kümmert (Körperwahn) verliert sich selbst (Fleig)
- künstlerische Verschmelzung von Schmerz und Ästhetik wirkt provozierend (Brunner)
- der Spruch „schön mache ich mich für mich und nur für mich" stimmt nicht, denn Schönheitshandeln ist Kommunikation und Verhandlungspraxis um den eigenen sozialen Ort (Degele)
- der eigene Körper wird zum verwaltbaren und optimierbaren Gegenstand – aufgezeigt anhand Kinderwunschbehandlungen (Ullrich)
- es passiert eine Objektivierung des Körpers (Barbara Duden) = unausweichliche Gleichzeitigkeit von Körper-Haben und Leib-Sein
- die bioethischen Fragen: ob wir das, was wir können auch dürfen und sollen, werden in dem Buch nicht behandelt, es geht um die normativen Körpermanipulationen, ihre Praxen und Deutungen
- Villa schreibt in der Einleitung: These dieses Buches: <u>Selbst-Ermächtigung</u> (als Versprechen der Moderne, Beck, Beck-Gernsheim) und <u>Selbst-Unterwerfung</u> (wie Max Weber, die kritische Theorie oder Foucault die rationalisierte Moderne kennzeichnen) passieren <u>gleichzeitig</u>

- Die emanzipative Vision von Selbstermächtigung, wie die feministische der Zweiten Frauenbewegung, können ins Gegenteil, d. h. in Selbst-Beherrschung kippen (siehe Aufsatz Villa)
- Empörung und bildungsbürgerliche Abwehraffekte (z. B. hinsichtlich der Sendung The Swan) sind allzu einfache Reaktionen im Modus des Herrschenden. Wer nämlich dazugehört – zum Arbeitsmarkt, Familie, Wissenschaft usw. – und Anerkennung genießt, der hat nicht nur leicht reden, sondern sehr wahrscheinlich auch den angemessenen Körper (Maasen).

1. These:
Körperarbeit ist Selbst-Ermächtigung und gleichzeitig Selbst-Unterwerfung.

Zahlen: 700 bis 900 Tausend Menschen pro Jahr unterziehen sich bei uns einer plastischen Operation, in Amerika ca. 11.8 Millionen Eingriffe allein im Bereich der kosmetischen Chirurgie.

Die gegenwärtige Thematisierung der plastischen Chirurgie, etwa in den Medien oder in der Politik, fordert zu **Grenzziehungen** heraus, eben *weil* sie diese in Frage stellt (z. B. Debatte in 2008 über gesetzliches Verbot der Anwendung der plastischen Chirurgie bei Minderjährigen, wenn sich etwa eine 15-Jährige den Busen vergrößern lassen will Gesetz m. E. zwischenzeitlich durch).

Die gesellschaftliche Modernisierung (ist im Kern Reflexivierung) setzt Handlungsoptionen frei: sie eröffnet **Handlungsspielräume und Alternativen** zu vormals vorgegebenen Pfaden, bringt aber Menschen zugleich nicht nur in **Handlungszwänge und Rechtfertigungsnöte**, sondern tut dies immer auch in einem **herrschaftsförmigen** Rahmen.
(Tue ich etwas? Was tue ich? Tue ich es nicht?)

Handlungsspielraum = Kampf um Deutungshoheit: Wer darf was, wann, warum (nicht)? Es macht einen Unterschied hinsichtlich Fragen der sozialen Legitimation, der wirtschaftlichen Dimension, der Verfügbarkeit von Optionen usw. ob Menschen einen chirurgischen Eingriff mit dem eitlen Streben nach ‚Schönheit' und individuellen Wohlgefühl begründen (wird unter Begriff ‚Schönheitschirurgie' verhandelt) oder ob sie aus einer Position des krankmachenden Leidensdrucks handeln, der sie zudem in ihrer sozialen Teilhabe beschränkt (wird unter dem Begriff ‚plastische Chirurgie' verhandelt). (z. B. auch die Frage, ob die Krankenkasse die Kosten übernimmt usw.)

Auf die plastische Chirurgie gewendet werden folgende Fragen virulent: Geht es noch um Medizin oder um Lebensstil und Optimierung? Sind die betroffenen Menschen Patienten oder Kunden? Sind sie Opfer eines perversen Körperkults, der auf die Zurichtung wettbewerbsfähiger Körper abzielt, oder sind diese Menschen besonders selbstbewusste, handlungsmächtige Personen, die ihren Körper selbst in die Hand nehmen, also eine souveräne Selbstregierung praktizieren?

Die Arbeit am Körper führt auch zu einer neuen Geschlechterdifferenz: die Geschlechterdifferenz wird nicht als Ausdruck einer inneren Natur inszeniert, sondern es geht darum, die mühsame *Arbeit* ihrer Herstellung offensiv zur Schau zu stellen und erst dadurch zu einem geschlechtlichen *Subjekt von Gewicht* (frei nach Butler) zu werden. Die Körpermanipulationen folgen spezifischen normativen Mustern.

Aber das ist noch nichts Neues, denn die Natürlichkeit der Geschlechterdifferenz, ihre ‚Wohlgeformtheit' (vgl. Lindemann) war immer schon eine Natur*haftigkeit*, die sozial hergestellt wird (und wurde). Die Erzeugung der Geschlechterdifferenz qua sozialer Praxen und im Kontext realitätsmächtiger Diskurse ist also nicht neu = historische Kontinuitätslinie.

Was ist aber Neu: das Optimierungsgebot. Körperarbeit, auch die geschlechtlich relevante, folgt zunehmend der Logik eines **„unternehmerischen Selbst"** (Bröckling 2007), das unter dem **„Gebot der permanenten Selbstverbesserung im Zeichen des Marktes"** steht.

Die feministische Selbstermächtigung qua Körper – „Mein Bauch gehört mir" – ist im Kontext einer Individualisierungsideologie zum Geburtshelfer geworden für eine radikal individualistische Manipulation des Körpers, die oft nicht weiß um die sozialen Zwänge, die jede noch so autonome Entscheidung mitkonstituieren.
(Den Zusammenhang mit der Zweiten Frauenbewegung wird an Ende noch erklärt.)

Also: Die Beherrschung des Selbst durch die bewusste Manipulation des Körpers im Dienste hegemonialer Normen ist also die eine Seite der Medaille, deren andere Seite ist die Selbstermächtigung durch die Verfügbarkeit des eigenen Körpers.

Friseur, Permanent Make-up, Botox-Spritze und chirurgische Brustvergrößerung = alles Körpermanipulation = eine Linie. Über unseren Körper können wir verfügen, wir haben einen Körper und wir *sind* zudem ein Leib (Gugutzer 2004, 146 ff und Villa 2007) und zwar beides gleichzeitig und gleichursprünglich. Die leibliche Dimension ist jedoch weitaus weniger instrumentell verfügbar als der Körper, da sie das subjektive Binnenerlebnis bezeichnet, zu der keine Distanz möglich ist.

An der Verfügbarkeit des Körpers entzünden sich dann ethische Fragen: Wie sehr ist unsere körperliche Natur verfügbar? Wie sehr können wir mit ihr instrumentell umgehen?

Beispiel: Höherzüchtung des Menschen, Orientierung am Ideal des ‚perfekten Menschen', jedoch bilden Perfektion und Menschlichkeit keinesfalls einen logischen Zusammenhang, oder Argument ‚Gott' zu spielen usw.

Unstreitig, aufgrund unserer menschlichen Kreativität können wir unseren Körper gestalten, aber noch so individuelle, ja intime Verfügungen über den eigenen Körper sind immer durchtränkt von gesellschaftlichen Normen, von Traditionen, strategischen Kalkülen.

Das Äußerliche (Korsett, lange Haare, Kleidung usw.) hängen immer zusammen mit wirkmächtigen gesellschaftlichen Ordnungsdiskursen. Es geht immer um die angemessene Verkörperung sozialer Positionen, auch wenn evtl. unbewusst.

Aber es gilt einen genauen Blick auf die spezifischen Körperpraxen zu werfen, manche sind evtl. problematisch und müssen kritisierbar sein.

In einer Sendung wie *Spieglein, Spieglein...*mutiert ein chirurgischer Eingriff zur Wellness-Dienstleistung am Kunden. Darin liegt die Dramatik der Sendung. Das bessere Lebensgefühl, das versprochen wird, ist immer gekoppelt mit einem erfolgreicheren Leben. Und dazu muss man beständig den Körper optimieren.

Zusammenhang der Zweiten Frauenbewegung und der aktuellen Körperarbeit:

Die Zweite Frauenbewegung steht in einem direkten, wenn auch ungewollten Zusammenhang mit der aktuellen Körperarbeit, wie sie auch in der Nutzung der plastischen Chirurgie zum Ausdruck kommt. Warum:

Die Zweite Frauenbewegung hat die Gesellschaft modernisiert, das heißt nichts anderes, als dass sie Wissens- und Deutungsbestände zur öffentlichen Debatte gemacht hat.

Was ehemals eine ‚natürliche' Tatsache war, wird verhandelbar und verhandlungs-*bedürftig*, es wird eine Unsicherheit hergestellt (Giddens), damit werden Aspekte der Lebensgestaltung *verfügbar*.

Es geht darum, ‚natürliche Tatsachen' als ‚von Menschen gemachte' sichtbar zu machen.

Die Verfügbarkeit führt zu Selbstermächtigung, aber die Selbstermächtigung ist immer verstrickt in Herrschaftskonstellationen, denn Alternativen sind immer normativ konstituiert.

Das Recht auf das eigene Leben betrifft nicht nur die Berufswahl, die Form der Partnerschaft oder die Aufteilung der Hausarbeit. Sie betrifft auch das Recht auf den eigenen Körper, das Recht über die eigene Natur nachzudenken und diese für sich zu beanspruchen. So spielt der Geschlechtskörper bei der Zweiten Frauenbewegung eine wichtige Rolle.

Die Erkenntnis zum Ausdruck zu bringen, dass das Private – der Körper – politisch sei, war eine der sichtbarsten und nachhaltigsten Reflexivierungs-Strategien der Zweiten Frauenbewegung (siehe Bild von den Frauen mit der Schrift auf dem Bauch: mein Bauch gehört mir).

Fast alle Forderungen der Frauenbewegung konzentrierten sich auf das Körperliche und so Duden, diese Konzentration bedeutete die theoretische Ent-Naturalisierung des Frauen-Körpers. Damit wurde der weibliche Körper zu einer Ressource, zu etwas, dessen man sich bedienen konnte.

In den feministischen Bewegungen spielt die Kritik an Schönheitsnormen und der Normierung von Frauenkörpern in den Medien eine zentrale Rolle. Dabei war die öffentliche Sichtbarmachung ‚normaler' Körper zentral.

Der feministische Versuch Selbstermächtigung qua Körper zu erlangen und dies mittels der Sichtbarmachung un-normierter Körper zu tun, war auch der Versuch, den Körper als einen gelebten Ort der Möglichkeiten zu öffnen (Butler).

In den gegenwärtigen Inszenierungen geschlechtlich markierter Körper, z. B. in den Massenmedien, wird ein gegenteiliges Normalitätskonzept praktiziert und propagiert (wird später noch erklärt).

Fazit: Feministische Selbstbestimmung und Selbstermächtigung hat faktisch – wohl entgegen jeglicher Absicht – den Weg bereitet für die „Sorge um sich" im foucaultschen Sinne, für die Verwandlung von Frauen in Klientinnen des Gesundheitssystems, in Risikoträgerinnen und Patienten, die sich dauernd selbst beobachten und bewerten müssen. Feministische Körperpraxen haben gewissermaßen ihren historischen Anteil an der Normalisierung der Selbstbeobachtung, der Selbstkontrolle und der Selbstregulierung, die für die gegenwärtige „Optimierung durch Selbstbestimmung" typisch sind (also alles unter dem Deckmantel „Normalisierung").

Sendung The Swan: es geht um Normalisierung qua Optimierung. Was normal ist, wird vorgegeben und nicht selbst entschieden. Nachdem bei den Kandidatinnen das Intimste öffentlich wird (sie werden befragt, gemessen und gewogen und müssen sich selber befragen und prüfen), wird möglichst viel offenbart und damit verfügbar gemacht. Durch das Verfügbare schlägt die Selbstermächtigung in Selbstbeherrschung um.

Hatten Frauenbewegung und Frauen- und Geschlechterforschung auf ein Normalitätskonzept gesetzt, welches von der realen und Vielfalt der weiblichen Körper als Maßstab von Normalität ausging, so setzt die Logik der plastischen Chirurgie an einer imaginären, ideologischen Norm an. Maße wie BMI oder Frauen wie Verona Feldbusch-Pooth geben die Norm vor, an denen sich die Frauen zu messen haben.

Neu an einer Sendung wie The Swan ist, dass es weniger um das Ergebnis geht als vielmehr um den arbeitsreichen Weg der beständigen, schmerzhaften, sich an Experten orientierenden, dabei aber immer den eigenen Willen beschwörenden Arbeit an sich – und das alles entsprechend voyeuristisch inszeniert.

Der Prozess der Annäherung an Normen beschreibt Butler als Subjektivierung; Villa nennt dies in der Soziologie Vergesellschaftung bzw. Sozialisation.

So bedeutet Subjektwerdung einen doppelten paradoxen Prozess: gleichzeitige Unterwerfung unter phantasmatische, normative Ideale und Erlangung von Existenzmöglichkeit (Intelligibilität). Subjekte sind dabei keine konkreten, realen Personen, sondern diskursive Positionen, exemplarisch beispielsweise Anreden oder Titel: Frau, Schwuler, Dozentin usw. Und solch einen Platz einzunehmen, geschieht vorrangig auch körperlich.

9

In The Swan sind ‚richtige, normale Frauen' keine real existierende Frauen in ihrer ganzen körperlichen Vielseitigkeit, sondern die abstrahierte, phantasierte Idealnorm eines perfekten Körpers: optimaler BMI, fit, heterosexuell begehrbar, zugleich absolut unauffällig. Darin liegt die Dramatisierung der Geschlechterdifferenz.

Aber weil keiner den idealen Körper hat, ist es wichtig, dass der willentliche Prozess der Normalisierung sichtbar verkörpert wird. Die Arbeit am Körper-Ich, der Wille zur perfekten Normalisierung, das ist der Maßstab für den ‚richtigen' Körper.

(Es wird auch diskutiert, ob es sich bei den angesprochenen Sendungen um ein Unterschichtenfernsehen handelt, also milieuspezifische Körper-Selbst-Kulturen, aber wie gesagt, wer einen perfekten Körper hat, lässt sich leicht reden. Definitiv stimmt jedoch die Aussage von Bourdieu: die Differenz von Natürlich und künstlich ist einer der wesentlichen „feinen Unterschiede". – Verena, hier bin ich unsicher, aber sicher hat es auch mit der Klassengesellschaft zu tun, denn für Schönheits-OP braucht man Geld!)

Sendung *Spieglein, Spieglein...*: es wird ein Kontinuum gezeigt von Friseur, mittelfristig wirkende kosmetische Eingriffe wie Permanent Make-up und plastische Chirurgie. Wir sehen normale Menschen, die selbstbewusst und souverän über ihren Körper entscheiden. Alles unter der Rhetorik: Körpermanipulationen sind eine Chance auf ein zweites, ein besseres und selbst bestimmteres Leben. **Und hier zeigt sich die Logik der Gouvernementalität qua Verfügbarkeit in der Individualisierungsmoderne:** Die Alternative im Umgang mit dem eigen Körper bestehen von vornherein immer darin, am Körper zu arbeiten, diesen zu optimieren. Sie besteht nie darin, sich dafür zu engagieren, dass eine gesellschaftliche Debatte über die Normierung von Körpern in Gang kommt. Dass Menschen – authentisch, unzweifelhaft und glaubwürdig – leiden, weil sie körperliche ‚Makel' haben, wird nie als ein *gesellschaftliches* Problem thematisiert (analog Rosa von Praunheim: „Nicht der Homosexuelle ist pervers, sondern die Situation, in der er lebt.") Frauen leiden unter zu kleinen Brüsten, womöglich nur deshalb, weil andere ihnen das Leben schwer machen.

Der Zusammenhang zwischen individuellem Leid und gesellschaftlichen Normen wird eben in solchen Sendungen nicht erwähnt.

Dass der Geschlechtskörper nicht mehr nur gegeben ist, sondern auch gemacht wird, das ist längst keine radikale These avantgardistischer Konstruktivisten mehr, sondern alltägliches Wissen und so wird zunehmend Rationalität das Alltagshandeln bestimmen.

Setzt man sich mit Ent-Naturalisierung auseinander, so stellt man fest, dass diese immer beides enthält: **das Versprechen auf Selbst-*Ermächtigung* und die Gefahr der Selbst-*Beherrschung*.** Denn Selbstermächtigung im Sinne individueller Autonomie ist soziologisch schlichtweg absurd. Sie verkennt die konstitutive Wirkmächtigkeit des Sozialen. Jede noch so emanzipative Rede vom Bauch ist immer eine diskursive Praxis. Gesellschaftliche Rationalisierungen und Reflexivierungen gehen Hand in Hand mit Subjektivierungsprozessen auf der individuellen Ebene.

Und doch sind die Individuen widerspenstiger und kreativer. Es ist falsch, ausschließlich die entfremdende Seite der plastischen Chirurgie zu sehen. Davis zeigt, dass den Motiven der Patienten eine Ambivalenz innewohnt, die das Phänomen komplexer macht, als es zunächst scheint. Sie betont unter anderem die Rationalität und das Recht der Frauen, ein unerträgliches Leid zu überwinden.

Individuelle Körperentscheidungen sind zum einen souveräne Entscheidungen handlungsmächtiger Personen, die das Recht darauf haben, ihren Körper gemäß ihren eigenen Maßstäben zu verändern und andererseits eine Anpassung an vorherrschende Normen der ‚normalen' Geschlechtlichkeit anzustreben.

Fazit: Die Gleichzeitigkeit von Selbstermächtigung – als „Versprechen der Moderne" wie Ulrich Beck, durchaus im Kantschen Sinne, formuliert – und Selbstunterwerfung – wie etwa Max Weber oder die kritische Theorie die rationalisierte Moderne eben auch zu Recht kennzeichnen - die Gleichzeitigkeit und Ambivalenz ist das wirklich Faszinierende reflexiv-moderner Praxen, vor allem in ihrer somatischen Dimension.

Villas Ausblick: Der Optimierungsgedanke hat sich verselbständigt, er ist zum Wert an sich geworden. Er wird für mehr Menschen von Belang werden, und deshalb ist die Widerspenstigkeit des Einzelnen gefordert, der sich kritisch und nüchtern mit den möglichen Technologien auseinandersetzt und sich dann fürs Tun oder Nicht-Tun entscheidet.

(Ich finde, Villa rudert ganz schön zurück, oder muss man es so sehen, sie spricht von Tatsachen bzw. gesellschaftlichen Entwicklungen, aber sie wertet nicht. Aber: ist es denn nicht Aufgabe der Soziologie, „unnatürliche" Entwicklungen, beispielsweise das „Überbewerten des Äußerlichen" anzuprangern oder zumindest zur Diskussion zu stellen oder ist das hier die Diskussion?)

Literatur:

2. These

Der BMI als gesellschaftliche Norm wird zu einem Werteurteil über die Menschen

(Oder: Der BMI als gesellschaftliche Norm besitzt die Macht über Fähigkeiten und Eigenschaften der Menschen zu urteilen.)

Die These wurde aufgrund von vier Aufsätzen aufgestellt:

1. **Christoph Klotter:** *Von der Diätetik zur Diät – Zur Ideengeschichte der Adipositas*
2. **Friedrich Schorb:** *Keine „Happy Meals" für die Unterschicht! Zur symbolischen Bekämpfung der Armut*
3. **Paula-Irene Villa & Katherina Zimmermann:** *Empirische Exploration zu einem Diskurs von Gewicht*
4. **Eva Kreisky:** *Fitte Wirtschaft und schlanker Staat: das neoliberale Regime über die Bäuche*

Die Aufsätze stammen aus dem Buch:
Kreuzzug gegen Fette
Sozialwissenschaftliche Aspekte des gesellschaftlichen Umgangs mit Übergewicht und Adipositas
Hrsg.: Henning Schmidt-Semisch und Friedrich Schorb

Christoph Klotter:

Der Begriff Diätetik (den Foucault bei seinem Werk über Sexualität aufgestöbert hat) meint die *Lehre von der Lebensweise* (im antiken Sinne die Lebenskunst), meint den selbstbestimmten Umgang mit sich selbst.

Heute ist uns der Begriff überwiegend fremd. Wenn Diätetik als Lebenskunst verstanden wurde, ist diese heute zu einem Kostplan (Diät) verkümmert.

Die neuen Freiheiten (bürgerliche Aufklärung, Demokratie) bringen aber auch neue Zwänge, mit denen die Subjekte reguliert und kontrolliert werden, vor allem über den Eingriff in den Körper.

Das Subjekt mit freier Meinungsäußerung kann nicht frei über die körperliche Figur entscheiden, denn einer Wohlbeleibtheit drohen massive Sanktionen wie z. B. Diskriminierung, schlechtere Chancen auf dem Arbeitsmarkt oder bei der Partnersuche.

Diätetik:
Für sie gibt es das rechte Maß nur unter Berücksichtigung des jeweiligen Individuums, sie ist also individuumzentriert. Im 19. Jahrhundert kommt es dann von der Diätetik zur Diät: der BMI gilt als Maßstab für alle Menschen, die Anerkennung der individuellen Unterschiede muss der Norm weichen. Diese Norm besitzt gesellschaftliche Relevanz und birgt in sich eine bestimmte Gesundheitsexperten-Patienten-Beziehung: der Patient hat den Anweisungen der Experten zu folgen, dies nennt sich Compliance.

Von der Diätetik zur Vorschrift:
Protestantische Ethik: Krankheit ist Zeichen eines gottungefälligen Lebens.
Im 19. Jahrhundert Aufklärungsphilosophie: von der protestantischen Ethik in die Schlankheitsnorm, Dicksein ist weniger Ausdruck eines sündigen Lebens als eines gesundheitsabträglichen Verhaltens.
Aufgeklärter Absolutismus: der Mensch hat dem Wohle des Staates zu dienen. Kant bringt dies auf den Punkt: Es stehe jedem Menschen frei zu denken was er will, aber als Bürger hat er seine ihm auferlegten Pflichten zu erfüllen, da gebe es keine Wahl. Und deshalb muss er hinreichend gesund sein.

Historischer Kristallisationspunkt Adipositas:
Die christliche Doktrin der Askese und des Verzichts wird ab dem 19. Jahrhundert in eine wissenschaftliche Norm – das Normalgewicht – transformiert, die sich über einen Gesundheitsbezug legitimieren soll. Diese Legitimation ist brüchig, es gibt wenig Belege dafür, dass ab einem BMI von 25 die gesundheitlichen Probleme anfangen.

Die vielfältigen Wurzeln des Schlankheitsideals:
- ethische Tradition des Abendlandes
- vor ca. 100 Jahren, als sich die Menschen satt essen konnten
- die Industrialisierung der Lebensmittelproduktion und bessere Konservierungs- und Transportmöglichkeiten führten zu einem Überfluss an Lebensmittel
- dieser Überfluss war in der evolutionären Programmierung (wenn was da ist, so viel essen wie du kannst) nicht vorgesehen
- Twiggy: Radikalisierung der Schlankheitsnorm erfolgt parallel zur Entkoppelung der Sexualität von der Fortpflanzung – Anti-Baby-Pille war technischen Voraussetzung; Twiggy verkörpert die Negierung der Weiblichkeit und Mütterlichkeit – dann müssen aber auch die weiblichen Formen verschwinden = Zwang zum Schlank-Sein
- Baufreie Tops bei Mädchen und jungen Frauen zeigen den dünnen Bauch und damit die Disziplin
- Foucault: der Mensch von heute muss affektkontrolliert bzw. diszipliniert sein
- Sichtbarer Ausdruck mangelnder Disziplin ist der dicke Körper = Feind Nr. 1 und zu verfolgen

Effekte des Kriegs gegen die Adipositas:
Die Gesellschaft strukturiert sich optisch über die beiden Klassen dick und dünn. Heute noch extremer: jedem Mensch wird qua BMI ein Wert zugewiesen, dadurch findet er seinen Platz in der Rangordnung. Dieser Rang ist identitätsstiftend. Ob wir wollen oder

nicht sind wir gezwungen, uns über unser Gewicht (und auch die Sexualität) zu definieren.

Gewicht = Problem und übt Druck aus.

Auf diesem Kriegsschauplatz von dick und dünn werden traditionelle ethische Werte und historische Entwicklungen, wie etwa die derzeitige Überflussgesellschaft, die Etablierung neuer Formen der sozialen Distinktion, der Zivilisationsprozess, der moderne disziplinierte Körper und die Probleme der Massengesellschaft, verdeckt verhandelt. Der Krieg gegen die Adipösen sorgt dafür, dass diese eher zunehmen.

Alternativen zum Krieg gegen Adipositas:

MBI-Toleranz von 25 bis 35: wir können auf einen disziplinierten Körper nicht verzichten, muss aber nicht gleichgesetzt werden mit Schlankheit.

Das Bild des Dicken:

Das Bild des Dicken formiert sich über fünf Kriterien: das ästhetische, das ethische, das ökonomische, das funktionale und das gesundheitliche.

Schlankheit ist ein Synonym für die Beherrschung des Körpers und die Dominanz der Vernunft, schlank sein heißt schön sein = ästhetisches, ökonomisches und ethisches Kriterium). Achtung: der schlanke Körper ist nicht schön, weil er schlank ist, sondern eil er etwas repräsentiert (in schlechten Zeiten war wohlbeleibt das Schönheitsideal, zeigte Wohlstand auf). Somit ist Schlanksein oder Wohlbeleibtheit immer etwas Politisches.
Funktionalität: wie viel Wohlbeleibtheit toleriert eine Gesellschaft Bsp. Spartaner.
Gesundheit: Adipositas = mögliche Einschränkung der Lebenserwartung und erhöht Morbiditätsanfälligkeit.

Heute wird Adipositas nur noch negativ sanktioniert. Der Schlankheitswahn tobt und der Krieg gegen die Adipösen ist ungestört. Es wird nach gesellschaftlicher Kontrolle und Bevormundung des Individuums verlangt, ohne die Gefahren für die gesellschaftliche Pluralität und die individuellen Freiheiten wahrzunehmen.

Zusammenfassung:

Der Begriff Diätetik verliert das Individuum nicht aus dem Blick im Gegensatz zum Begriff Diät, der normgebunden ist.
Es wird gezeigt, wie sich das Schlankheitsideal geschichtlich entwickelt hat und wo seine vielfältigen Wurzeln sind und wann demzufolge das Problem von Adipositas ins Leben gerufen wurde.
Durch den BMI wird dem Menschen eine identitätsstiftende Rangordnung zugewiesen.
Der schlanke Körper ist schön, weil er etwas repräsentiert: Disziplin, Vernunft, Funktionalität und Gesundheit. Der dicke Mensch repräsentiert (selbstverschuldet) genau das Gegenteil.

Friedrich Schorb:

Im Diskurs der neuen Unterschichten sind es vor allem falsche Verhaltensweisen (falscher Medienkonsum, falsche Ernährung, falsche Freizeitmuster, falsche Erziehung usw.) der zur Ursache von Armut erklärt wird. Sichtbarer Ausdruck dieser kritisierten Konsummuster ist der „dicke Bauch". Also: die diskursiv vorgegebenen verhaltensbedingten Ursachen für Adipositas und Armut sind größtenteils identisch. Adipositas = Symbol für selbstverschuldete Armut.

Diese Behauptung wird in diesem Aufsatz kritisch hinterfragt.

Unterschicht und die Kultur der Armut im Wohlfahrtsstaat:
Begriff „underclass": aus dem Arbeitsmarkt Ausgeschlossene. Der Begriff ist keine moralische Zuschreibung, kein individuell verschuldetes Schicksal, sondern Resultat ökonomischer Entwicklungen.
In der BRD: Bis in die 1990er Jahre kein Thema, man ging von der nivellierten Mittelstandsgesellschaft aus, in der Armut nicht vorgesehen war. In den 1990er Jahren hohe Arbeitslosigkeit und das Thema wurde wieder aufgegriffen: „Kultur der Abhängigkeit" wegen Abhängigkeit von Sozialhilfe, die jede Eigeninitiative ersticken würde.
Paul Nolte erfand 2001 den Begriff der „neuen Unterschicht": sie bezeichnet alle Menschen in diesem Land, die sich nicht der „bürgerlichen Leitkultur" zugehörig fühlen und deren Werte und Normen von denen der Mehrheitsgesellschaft abweichen. Den Begriff der „Abhängigkeit" weitet er in „fürsorgliche Vernachlässigung", weil die Unterschicht zwar materiell abgesichert wird, ansonsten aber sich selbst überlassen bleibt.

Bilder von Unterschicht:
Noltes unscharfer Unterschichtenbegriff ist für Sozialwissenschaften nicht anschlussfähig. Aber er dient als Steilvorlage für Politiker und Journalisten: Der neue Prolet schaut den halben Tag fern, isst viel und fettig, raucht und trinkt, ist kinderreich und in familiären Bindungen eher unstabil, er besitzt keine Bildung und strebt auch nicht danach, er hat sich selbst abgeschrieben, in Amerika spricht man vom weißen Müll.
Die „neue Unterschicht" ist weißer, deutscher, häuslicher, weiblicher und vor allem dicker geworden.
Zwei gesellschaftliche Reformprojekte, nämlich Hartz IV-Arbeitsmarktreformen und die Initiative von Künast zur Verbesserung der Ernährungslage der Bevölkerung verbanden sich 2004 zu einem neuen medialen Unterschichtendiskurs.
Steingart oder Wüllenweber 2005: Nicht Armut macht krank, sondern Mangel an Disziplin und die Lebensform der Unterschicht sind nicht Folge ihrer Armut, sondern die „Armut ist Folge ihrer Verhaltensweisen, eine Folge der Unterschichtskultur".

Adipositas als Symbol:
In der Fachliteratur: Ursachen für Adipositas genetische Veranlagung, individuelle Verhaltensweisen und Umwelteinflüsse. In der Medizin wird Adipositas als Epidemie definiert, die die Gesellschaft als ganze betrifft.

Im neuen Unterschichten-Diskurs verschwimmen die Feinheiten des medizinischen Diskurses und es wird die Ursache auf das ‚falsche Verhalten' reduziert und die Krankheit wird zu einem Klassenproblem. Weiter grenzt der Unterschichtendiskurs die Mittelschicht von den unteren Gesellschaftsrändern ab. Es macht einen Unterschied, ob man sich den dicken Bau bei McDonalds oder beim Edel-Italiener angefressen hat.

Junk Food-Mütter:
Das Beispiel von den „Junk Food-Müttern" und Jamie Oliver zeigt, wie symbolisch aufgeladen die Diskussion und das „richtige Essen" ist und welche Rolle dabei Klassenunterschiede spielen.
Eva Barlösius: Was als gesunde Ernährung gilt, ist „keineswegs sozial neutral" sondern entspricht in den mittleren Lagen der Vorstellung vom „guten Essen und Leben". So wird ungesundes Essen (z. B. Pommes) kulturell entwertet und damit sind wir beim Prozess der sozialen Differenzierung. Vielleicht ist die Verteidigung bestimmter Nahrungsmittel der Unterschicht ein sozialer Protest, eine Auseinandersetzung um den richtigen Lebensstil.

Ernährung und Armut:
Hinzukommt: ein „Geschmack des Notwendigen" (Bourdieu), der auf begrenzte Ressourcen Rücksicht nimmt, ist in ärmeren Familien vorherrschend. In der BRD ist Ernährung aus der Armutsforschung weitgehend verschwunden und man geht davon aus, dass gesunde Ernährung auch für die Sozialhilfeempfänger oder Niedriglohnempfänger möglich ist und dass es eher an Desinteresse oder mangelnder Haushaltführung fehlt.
Falsch, denn das Ernährungsbudget wird oft als stille Reserve eingesetzt, Ernährung ist nicht Problem Nr. 1, die Bewältigung der Alltagsprobleme hat Priorität.

Fazit:
Es stimmt, dass Unterschichtenkinder öfters adipös sind, aber dies ist ein Zusammenspiel zwischen: falscher Ernährung, weniger Sport wegen den Kosten, Essstörungen und Depressionen was mit den prekären Zukunftsaussichten und den durch materielle Not verschärften Alltagsproblemen zusammenhängt. Adipositas ist also nur eine von vielen Ausdrucksformen zunehmender sozialer und gesundheitlicher Ungleichheit.

Ernährungsunterricht und Mittagstisch in Ganztagsschulen mit Kochmöglichkeit von Kindern und Jugendlichen wäre eine Chance, Neues kennen zu lernen. Es kann aber nur funktionieren, wenn „Wohlgeschmack nicht autoritär angeordnet wird, sondern immer wieder ausgehandelt wird".

Zusammenfassung:
Begriff der neuen Unterschicht: Menschen in diesem Land, die sich nicht der bürgerlichen Leitkultur zugehörig fühlen und deren Werte und Normen von denen der Mehrheitsgesellschaft abweichen.
Falsches Verhalten führt zu Armut. Sichtbarer Ausdruck für falscher Verhalten ist der „dicke Bauch". Also: Adipositas ist Symbol für selbstverschuldete Armut.
Diese Aussage wird kritisch hinterfragt.

1990er Jahre in der BRD: hohe Arbeitslosigkeit = „Kultur der Abhängigkeit" (von Sozialhilfe, die jede Eigeninitiative abwürgt). Wird erweitert zum Begriff „fürsorgliche Vernachlässigung": zwar materielle Unterstützung, aber sonst eher Ausgrenzung.
Die Unterschicht mit all ihrem Fehlverhalten ist vor allem Dicker. Jetzt kommt Künast
mit ihrem Diskurs über die Verbesserung der Ernährungslage.
Steingart und Wüllenweber 2005: Der Unterschicht mangelt es an Disziplin und dadurch
entsteht Armut.
Medizinische Argumente für Adipisitas gehen unter, Ursache für Übergewicht bleibt ‚falsches Verhalten' und es wird zu einem Klassenproblem.
Auch eingeschränkte finanzielle Mittel tragen zum Übergewicht bei, die Ernährung rückt
in den Hintergrund, weil große Alltagsprobleme dominieren.
Adipositas ist nur eine von vielen Ausdrucksformen zunehmender sozialer und gesund-
heitlicher Ungleichheit (siehe z. B. Essstörungen, Depressionen usw.).
Paula-Irene Villa & Katherina Zimmermann:

Der Körper bildet in der Moderne mit ihrem Glauben an Statistiken, Idealtypen und ka-
tegorialen wie messbaren Ordnungen ein besonders wirksames Feld sozialer Macht und
Herrschaft (Foucault). Der Körper ist der zentrale Ort, an dem sich das Politische mate-
rialisiert, der Ort, an dem soziale, politische und kulturelle Verhältnisse den Menschen
unter die Haut gehen.

Die derzeitige öffentliche Thematisierung des Körpergewichts spiegelt die kulturelle
Dichotomie „sozial vs. natürlich" in augenfälligerweise wider: Da wir Übergewicht zur
„Zivilisationskrankheit", zum Wohlstandsübel, zum Problem einer spezifischen Soziali-
tät.

In zeitgenössischen Gewichtsdiskursen ist vom idealen Gewicht die Rede – den „idealen
BMI" – und dieses ideale Gewicht ist den Reichen ebenso wie den Armen in den Wohl-
standsländern abhanden gekommen (Villa nimmt auch die Reichen nicht aus, in den
vorherigen Aufsätzen wird Dick mit Armut gekoppelt). Dick sein ist eine Folge von „fast
food". Die Menschen essen schlechter, weil die fürsorgliche Hausfrau abhanden gekommen ist, sie erlaubt sich nämlich einem Beruf nachzugehen! Also die Menschen sind dick
wegen schlechtem Essen, mangelnder Bewegung, Unkenntnis des eigenen Körpers usw.

Grundsätzlich kann man über Zahlen und Maße streiten, aber was den politischen Körper anbelangt, spielen Zahlen eine große Rolle. Denn das magischen Zeichen für Normalität und damit für Gesundheit, Anerkennung, Leistungsfähigkeit und Wohlbefinden ist
das richtige Maß: Der „gesunde" BMI, das richtige Quantum Körperfett, die normale
Kurve.

Anhand eines Brigitteartikels und den WW-Internetseiten soll gezeigt werden, wie sich
Zahlen und Maße rund um das Körpergewicht als Normalitätsvorgabe tief in die Individualität und Subjektförmigkeit von Menschen einschreibt – und will schnell, aufgrund
von Angst vor dem Fett ein Diskurs über monströse, anormale Menschen entsteht.

<u>Maß(losigkeit) – von sozialer Normalität und Monstrosität:</u>
Monster = alles Sichere, Schützende und Vertraute fehlt, eine Abweichung vom Gewohn-
ten.

Monstrosität vs. Normalität. Bsp.: ein paar Härchen am Kinn bei Frauen normal, ein Vollbart nicht, ein paar Kilo Übergewicht sind menschlich, 200 kg Körpergewicht = monströs.

Normalität bedeutet für die Menschen einen sicheren Raum, wenn alles „normal" ist, ist „alles in Ordnung", Normalität ist funktionierende soziale Ordnung. Zur Herstellung dieser Ordnung braucht man Ordnungsmuster, hierfür bedienen sich Mitglieder moderner Gesellschaften Techniken der Standardisierung und Quantifizierung sowie Normierungs- und Skalierungsverfahren = Macht der Norm. Also ist für das Subjekt die größte Gefahr das Nicht-normal-Sein, die Monstrosität, denn damit würde man aus der sozialen Welt herausfallen, aus der Welt der natürlichen Normalität, man wäre geradezu widernatürlich.

Normentwicklung ist moderner Mechanismus: ursächlich Medizin, Militär und Industrie; die neue Normalität im Gesundheitsverständnis des 18. Jahrhunderts leitet sich bereits von messbaren Merkmalen und Durchschnittswerten ab und ist Wegbereiterin für die moderne „Gesundheit". Die Normen werden zum sozialen Ordnungsschema und müssen von Individuum akzeptiert werden. Es sind Verinnerlichungspraktiken des Individuums, bei denen die Menschen aktiv werden = „Technologien des Selbst" = stehen mit Macht in Verbindung. Aber die Dichotomie von Macht und Ohnmacht wird außer Kraft gesetzt, weil das Individuum zwar Macht erfährt aber auch selbst Macht ausübt, die Macht geht quasi durch das Individuum hindurch. Das Subjekt steuert sich selbst um „ein Subjekt von Gewicht „ zu werden, also sozial intelligibel.

Das Gewicht der Masse: Zu Massenmedien als materialem Diskurs:
Im Foucaultschen Sinne sind Medien beteiligt an der Generierung von Weltdeutungen und Bedeutungen und sie sind beteiligt an den sozialen Auseinandersetzungen um Deutungsmacht. Jegliche Materialität, so auch Körper, Natur, Gesundheit usw. wird durch epochen- und ortsspezifische Diskurse konfiguriert. Aber nicht nur Sprachliches, sondern auch Praxen bilden eine wesentliche Dimension gesellschaftlicher Diskurse.

Kritische Diskursanalyse anhand zweier Texte mit der Fragestellung: Ob und wie dicke Menschen im massenmedialen Diskurs zu „Monstren" (gemacht) werden bzw. welche Botschaft und Wirkung-(sabsicht) die Massenmedien bezüglich des Phänomens Dicksein ins Bewusstsein des Publikums transportieren.

Brigitte-Artikel: Selbstdisziplin ist an den Einsatz von Vernunft gekoppelt, wer das nicht kann, hat Charaktermangel, die Belohnung ist soziale Anerkennung.

WW: das Programm steht für Erfolg und es begänne ein neues Leben, man muss Leistung erbringen, man braucht dazu Disziplin, und diese Disziplin bietet WW zum Kauf an; also die Charakterschwäche, nämlich die Disziplinlosigkeit wird spielerisch gemeistert und das ganze Leben in eine „Erfolgsgeschichte" umgewandelt.

Die Botschaft von beiden Texten: Dicksein ist kein lebenswerter Zustand, der Dicke ist unfroh und unzufrieden, es mangelt ihm an Vernunft, Erfolg und Lebensqualität.

Fazit:

Die Monstrosierung Dicker als unglückselige Kreaturen erfolgt nicht explizit, sondern sickert gleichsam in das Bewusstsein der Menschen ein, weil der dicke Mensch als strukturales Double des Schlanken angeblich stets ein mangelhaftes Leben führt und sich im Abseits des „Normalen" befindet. Aus dem Dicksein werden Charaktereigenschaften, Unfähigkeiten abgeleitet und an diesem Punkt werden Zahlen und Maße streitbar.

Zusammenfassung:

Das ideale Gewicht wird gemessen am BMI.

Dicksein ist eine Folge von falschem Essen und die Verweigerung der „fürsorglichen Hausfrau".

Die Menschen brauchen die Sicherheit der Normalität, da sie sonst Gefahr laufen, aus der sozialen Welt herauszufallen.

Entwicklung des jetzigen Schlankheitsideals: Medizin, Militär, Industrie – Gesundheit wird zu messbaren Merkmalen und Durchschnittswerten – die Normen werden zum Ordnungsschema – das Individuum akzeptiert aus Sicherheitsgründen – um die Norm zu erreichen „Technologien des Selbst" – das Individuum ist machtgesteuert aber übt auch selbst Macht aus – das Subjekt steuert sich selbst um in die gesellschaftliche Normalität zu passen.

Medien sind beteiligt an der Entstehung von Bedeutungsmacht.

Brigitte und WW: Selbstdisziplin + Vernunft = Charakter = soziale Anerkennung.

Aussage der Texte: Dicksein ist kein lebenswerter Zustand.

Fazit Villa: Maße und Zahlen wie z. B. der BMI dürfen nicht über den Wert eines Menschen urteilen.

Eva Kreisky:

Als Fettleibigkeit zu einem Problem der Politik wurde – Einleitung:

Fettleibigkeit hat „epidemische Ausmaße" angenommen und deshalb werden die Dicken zu einer Zielgruppe neuer staatlicher Interventionen (insbesondere in den USA).

Insbesondere Kampagnen gegen Übergewicht in Amerika. In Deutschland ist man wieder zurückgerudert (im Gespräch war voller Mehrwertsteuersatz auf ungesunde Lebensmittel, Warnhinweise wie bei Zigaretten, Dicken-Malus in der Krankenversicherung usw.), jetzt Pflichtuntersuchungen an Schulen, Einschränkung bei der Werbung, Bewegungsprogramme, Aktionsplan „Fit statt fett".

Vorschlag von Ernährungsmediziner, Produkte wie Obst und Gemüse billiger zu machen, denn fettreiche Lebensmittel sind in der Regel Billigprodukte. Damit ist der Diskurs um Übergewicht und Fettleibigkeit auch ein Diskurs um Klassen. Die Diskurse und Kampagnen um Übergewicht haben einen diskriminierenden Charakter.

Die Metaphern von Schlankheit, Beweglichkeit und Flexibilität die den idealen Staatskörper im fortgeschrittenen Kapitalismus beschreiben, skizzieren zugleich die Anforderungen an die Körper der Staatsbürger.

Hier brauchen wir den Gouvermentalitätsansatz von Foucault um die Machtausübung und die Körperkontrolle in gegenwärtigen Gesellschaften zu analysieren:

Foucault unterscheidet zwischen Macht- und Selbsttechnologien. Die Art, in der die „Lenkung der Individuen durch andere" mit der „Weise ihrer Selbstführung" verknüpft wird, benennt er „Gouvermentalität". Also „Technologien des Selbst" sind auch als Machtverhältnisse zu sehen, weil das Individuum mit eigenen Mitteln bestimmte Operationen mit dem Körper, mit der Seele, mit der eigenen Lebensführung vollzieht, also sich selber transformieren, selber modifizieren um Vollkommenheit, Glück usw. zu erlangen.

Die neoliberale Gesellschaft besteht aus zwei Körperklassen, aus jener sozialen Gruppe, die ihren Körper im Griff hat, sich also „selbst" zu führen vermag, und aus jener Klasse, deren Körper durch andere diszipliniert und normalisiert werden muss = Spaltung entlang der sozialen Trennlinie.

Die gegenwärtigen Kampagnen schaffen eine wertende Spaltung zwischen Geeignetem und Ungeeignetem, Normalem und Anormalem. Solche Technologien hierarchisieren über den Entwurf eines „optimalen Modells" und den gesellschaftlichen Zwang zu seiner Umsetzung. Erst die normative Vorgabe erzeugt die Unterscheidung zwischen Normal und Anormal.

Der Neoliberalismus ermutigt die Individuen, ihrer Existenz eine bestimmte unternehmerische Form zu geben (Lemke).

Fit or Fat? Stichworte eines Körperdiskurses:
Das Körperliche erfährt im fortgeschrittenen Kapitalismus sichtlich Aufwertung. Der schöne Körper wird zur Bioaktie mit hoher Gewinnerwartung. Nur intakte und gesunde Körper vermögen auch ein attraktives wie marktkonformes Leben zu garantieren. Gesundheit, Schlankheit und Fitness sind nicht biologisches Schicksal sondern individuelle Aufgabe und persönliche Leistung, für sie ist hart zu arbeiten.

Metaphorische Verkörperlichung gesellschaftlicher Transformationen – Staatskörperbilder:
Bsp.: Verschlankung des Staates.
Aber die bislang vorausschauende Sorge von „Vater Staat" kehrt sich um in das gegenwärtige „Härtungsprojekt": nur noch „Tüchtigen" sind Wege und Tore zu öffnen.

Was versteht Kreisky unter Neoliberalismus:
Einen von staatlichen Fesseln befreiten Kapitalismus. Der Neoliberalismus bezweckt die Fortführung des Kapitalismus mit marktradikaleren Mitteln und die bedenkenlose Rückdrängung von Staatlichkeit. (Verena, da kenn ich mich nicht aus!)
Der angeblich klassenlose Mensch des Neoliberalismus hat eigentlich keine Bedürfnisse oder Interessen mehr, er hat nur noch „Entscheidungsprobleme" um sein Vermögen und seine Persönlichkeitswerte zu maximieren.

In allen Lebensbereichen herrscht „manageriales" Denken, auch private Beziehungen, Familien oder der eigene Körper. Menschen wirtschaften nicht, um Mangel zu bewältigen, sondern um noch reicher zu werden = Habgier.

Flexibilisierung des Kapitalismus braucht flexible Menschen – Neue Anforderungen an die real existierende Körper:
Die „Verdinglichung" des Menschen, ihre Reduktion auf „betriebswirtschaftliche Rechengrößen" schreitet voran.

Es wird differenziert zwischen dem Produzentenkörper der industriellen Ära und des Konsumantenkörpers des post-industriellen Zeitalters. Gefahr für den Konsumenten-körper sind falsche Konsummuster, die zu Fettleibigkeit und Übergewicht führen.

Der neoliberale Idealkörper:
Erbarmungslose Jagd nach dem richtigen Körper. Richtig ist, was genau genommen un-erreichbar ist. Aufgrund von Fortschritte in Biotechnologie und Medizin kann der Kör-per nun so gestaltet werden, wie der neoliberale Zeitstil ihn sich ersehnt. Für unvoll-kommene Körper schwindet die Akzeptanz, es entstehen neue Körperklassen.

Körperklassen im Neoliberalismus:
Körper, die nicht dem Schönheits- oder Schlankheitsideal entsprechen werden entwer-tet und gesellschaftlich ausgegrenzt.
Übergewicht ist in unserer Zeit oftmals Symptom für Verarmung und Schlankheit ran-giert zunehmend als Zeichen des Wohlstands. Die ehemals mönchische Askese wird immer mehr zu jener „Gestalt, in der Luxus auftritt, sie kehr als Lebensform der postin-dustriellen Eliten zurück".
Das Maß, an dem die erwünschten Qualitäten der Flexibilität und Anpassungsfähigkeit gemessen werden, ist Intaktheit und Erscheinungsform des eigenen Körpers. Dieses Konzept von „Fitness" ist vergleichbar mit dem Sozialdarwinismus, einige werden über-leben und andere nicht.

Fazit:
Das Phänomen Fettleibigkeit transformiert sich in den USA vom Persönlichen Recht auf Verfügung über die Gestalt des eigenen Körpers zum Problem einer nationalen Krise, also zu einer hochgradig politisierten Materie. Fettleibigkeit = größte Gefahr öffentlicher Gesundheit weil mit erhöhten Steuern und verteuerten Versicherungsprämien reagiert wird = die Dicken leben auf Kosten der Dünnen.

Das Zwangsprogramm zur Körperformung läuft zumindest bei uns anders ab: die leicht-fertig in Kauf genommenen Gesundheitsrisiken (Übergewicht als Ausdruck von Selbst-führungsschwäche) wird seitens des Staates immer seltener mit kostenintensiven Maß-nahmen reagiert, sondern es wird an das Private Verhalten appelliert. Gesundheit wird als Resultat eigenen Willens zelebriert, so dass schließlich auch „Führungskapazitäten vom Staat weg auf ‚verantwortliche' und ‚rationale' Individuen" verlagert werden kön-nen.
Beleg hierfür: die Kampagnen gegen Fettleibigkeit stigmatisieren die Betroffenen und weisen gesellschaftliche Verantwortung zurück. Und immer mehr Menschen scheinen an dieser ihnen zugeschriebenen Aufgabe zu scheitern.

Zusammenfassung:
Kampagnen gegen Übergewicht in den USA weil „epidemische Ausmaße".
In Deutschland ist man wieder zurückgerudert, Verantwortung vom Staat weg auf das Individuum.
Fettreiche Lebensmittel i. d. R. Billigprodukte und so wird Übergewicht ein Diskurs um Klassen.
Metaphern von Schlankheit, Beweglichkeit und Flexibilität für den idealen Staatskörper im fortgeschrittenen Kapitalismus skizzieren zugleich die Anforderungen an den Körper der Staatsbürger.

Hier Gouvernmentalitätsansatz von Foucault: darunter versteht man die Verknüpfung der Machtausübung von außen (also durch andere, z.b. der Gesellschaft) mit der eigenen Machtausübung (Technologien des Selbst).

Die neoliberale Gesellschaft besteht aus zwei Körperklassen, aus jenen sozialen Gruppen, die ihren Körper im Griff haben (also sich selbst führen können) und jene, die diszipliniert werden müssen. Jeder ist sein eigener Unternehmer und man hat sich entsprechend zu managen.

Das Körperliche erfährt Aufwertung = der schöne Körper wird zur Bioaktie mit hoher Gewinnerwartung (Habgier) und dafür hat man hart zu arbeiten.

In der industriellen Ära sprach man von Produzentenkörper, jetzt spricht man vom Konsumentenkörper und falsche Konsummuster machen dick.

Körper, die nicht dem Schönheits- oder Schlankheitsideal entsprechen, werden entwertet und gesellschaftlich ausgegrenzt. Übergewicht steht für Armut, Schlankheit ist ein Zeichen für Wohlstand, Gestalt in der Luxus auftritt = mönchische Askese (hier fällt mir Heiner Lauterbach ein! Was wird irgendwann (oder bald) mit den Dicken, den Kranken und den Alten?)

3. These

Das jeweils gültige Schönheitsideal wird von den Menschen deshalb nicht ignoriert, weil suggeriert wird, dass es von Nutzen ist.

(Oder: Das Schönheitsideal wird von den Menschen deshalb nicht ignoriert, weil Schönheit als Mittel zum Zweck gesehen wird.)

(Oder: Das Schönheitsideal manipuliert die Menschen, weil es ein verinnerlichtes Mittel zum Zweck ist.)

(Oder: Menschen managen heute nicht nur ihr Leben, sie managen auch ihren Körper.)

Literatur: Waltraud Posch, Projekt Körper. Wie der Kult um den Körper unser Leben prägt.
Zusammenfassung des Dritten Kapitel von Seite 164-212
Thema: Warum uns das Schönheitsideal nicht egal ist.

Das Korsett im Kopf

Die Menschen treffen die Aussage: Schönheitshandeln mache ich für mich selbst, denn dann fühle ich mich wohler und bin selbstsicherer.
Daraus lässt sich schließen: Das Schönheitsideal wird nicht mehr als solches empfunden, sondern es ist bereits verinnerlicht und wird als selbst gewählt betrachtet.
Nina Degele sagt, die Aussage „für mich selbst" stimmt nicht: Wir machen uns schön wegen sozialer Anerkennung, es ist keine Frauensache und hat mit Spaß und Lust nichts zu tun.

Degele: Schönheitshandeln ist kein privates Handeln, es ist ein Akt der Kommunikation und verlangt nach dem Blick der anderen. Schönheitshandeln ist ein identitätsstiftender Akt.

Der moderne Mensch will ein freies Geschöpf mit Entscheidungsspielraum und Handlungspotential sein, auch in Bezug auf seinen Körper, er will sich nichts vorschreiben lassen und deshalb auch die Aussagen, das mache ich nur für mich. Das Korsett ist also nicht mehr äußerlich, es ist im Kopf. Verschönerungen sind demgemäß auch Handlungen einer selbstbestimmten und freiwillig gewählten Normierung und Unterwerfung.

Hier bringt Posch die Aussage, dass die Gesellschaft Fremdzwänge in Selbstzwänge umwandelt („Zwangsapparatur") und stützt sich dabei auf Norbert Elias. Nachstehend die wichtige Kernaussage aus der Zusammenfassung über Norbert Elias aus Gugutzer *Der zivilisierte Körper* S. 18-20:
<u>Der zivilisierte Körper (Elias):</u>

Grundlage ist Elias Werk: *Über den Prozess der Zivilisation. Soziogenetische und psycho-genetische Untersuchungen.* (1976)

Worum geht es in diesem Werk: Es ist eine historisch-soziologische Analyse über das wechselseitige Verhältnis von Gesellschaftsstruktur und Persönlichkeitsstruktur, von Sozio- und Psychogenese. Elias zeigt, wie der europäische Zivilisationsprozess seine Spuren am Körper der Menschen hinterlassen hat. Er zeichnet den Wandel körperlicher Ausdrucks-, Einstellungs- und Verhaltensweisen (von 13. bis 18. Jahrhundert) anhand von Manier- und Benimmbücher, Dichtung (Minnegesang) und Bilder usw. nach. Dieses soziale Verhalten sowie der Umgang mit körperlichen Bedürfnissen und Affekten stellt Elias in Relation zu den gesamtgesellschaftlichen Prozessen.

Was hat den Zivilisationsprozess lt. Elias in Gang gebracht: zunehmende Bevölkerungs-dichte, wachsende Konkurrenz der Menschen untereinander, dies führt zur Zentralisie-rung der Macht in der Hand des Staates, zur Differenzierung der Gesellschaft in eine Vielzahl von Arbeitsbereichen und dadurch eine zunehmende Abhängigkeit der Men-schen untereinander. Drei weitere Charakteristika des Zivilisationsprozesses:

1. Der Zivilisationsprozess hat weder einen Anfang noch ein Ende, was heute als zi-vilisiert erscheint kann in einigen Jahrzehnten anders bewertet werden.
2. Zivilisationsprozesse nicht nur im europäischen Abendland, sondern überall dort, wo Menschen in einer arbeitsteiligen Gesellschaft zusammenleben.
3. Der Zivilisationsprozess wiederholt sich in jedem Menschen, z. B. die Kinder müssen sehr schnell lernen das gängige Scham- und Peinlichkeitsgefühl zu be-herrschen.

Elias zeigt den Zivilisationsprozess auf: Mittelalter = Verhalten vorwiegend affekthaft und triebhaft bestimmt; Verfeinerung der Sitten in der Renaissance; gegenseitige For-mung durch Beobachtung; Ettikette der höfischen Gesellschaft Frankreichs; Beispiele aus den Bereichen Essen, Sprechen, Sexualität, Schnäuzen, Spucken, Urinieren, Defäzie-ren, dem Verhältnis zwischen Mann und Frau usw.

Elias zufolge handelt es sich bei diesem Wandel um einen Wandel der Persönlichkeits-struktur der Menschen im Abendland. Ist tiefgreifende Modellierung des Seelenhaus-halts und des Gesamthabitus des Menschen = Psychogenese.

Der sichtbarste Ausdruck dieser Psychogenese ist die Zivilisierung des Körpers, der sich an fünf Punkten festmachen lässt:

1. gesteigerte Trieb- und Affektbeherrschung = Zurückhaltung von Aggression und Gewalt wegen mehr Sicherheit durch den Staat
2. Selbstkontrolle der Affekte und Triebe, also keine Fremdzwänge sondern Selbst-zwänge; das Individuum eignet sich gesellschaftlich gültige Verhaltensstandards an und zwar in einer Intensität, dass das eigene Verhalten selbstverständlich und natürlich erscheint = Selbstzwangsapparatur = Über-Ich = schlechte Gewissen beim Verstoß einer sozialen Norm.
3. durch die unbewusste Selbstkontrolle handelt der Mensch weniger spontan son-dern überlegt. Bsp.: wie soll der Hunger gestillt werden, mit leichter oder schwe-rer Kost, fett oder mager.
4. die Scham- und Peinlichkeitsgrenzen haben sich weiter nach vorne geschoben, also den Menschen ist schneller etwas peinlich. Dadurch wurden die sogenannten ‚natürlichen' Bedürfnisse (einschl. Sexualität) aus der Öffentlichkeit verbannt und hinter die Kulissen der Privatsphäre verbannt.

5. der historische Prozess, ausgehend von der höfischen Gesellschaft, drang als Verhaltensstandard auch in die mittleren und unteren Schichten vor. Heite auch umgekehrt, z. B. Piercing, Tätowierungen, Fussball- und Boxleidenschaft usw. = soziale Nivellierung des Körpers.

<u>Von Elias zu Foucault:</u>
Nicht nur der Zwang, sondern auch die Freiheit ist in der Lage eine Macht auszuüben. Denn freie Entscheidungen erfordern Disziplin (Foucault: der disziplinierte Körper). Die von Foucault analysierte „Gouvermetalität" (Regierungskunst) steht für Herrschaft in Einverständnis mit den Beherrschten und zeige sich insbesondere am Körper.

Je stärker gesellschaftliche Zwänge verinnerlicht werden und je weniger sie als von außen kommend empfunden und wahrgenommen werden, desto stärker wirken sie. Das Schönheitsdeal ist hierzu ein Paradebeispiel: äußere Zwänge und Normen werden als innerer Wunsch interpretiert. Also: „Technologien des Selbst" haben ein Doppelgesicht: einerseits Technik der Freiheit, andererseits Technik der sozialen Unterwerfung.

Warum ist den Menschen die Schönheit nicht egal?
Hier spielen vier Faktoren eine Rolle:

1. Sichtbarkeit
Das Schönheitsideal ist sichtbar und durch die andauernde Sichtbarkeit kann es sich etablieren und wenn es sich etabliert hat, wird es dadurch zur Normalität (Bsp. Twiggy, was damals als zu dünn empfunden wurde, ist heute für die Models normal). Folge: Wenn jemand Körpermanipulationen vornimmt, hat er eine gesellschaftliche Schönheitsnorm im Hinterkopf.

Beispiel: Sendungen wie „The Swan" feiern den „Kult des Sichtbaren".

Der Körper kann selbst kontrolliert werden und es besteht die Möglichkeit den Körper mit anderen Körpern zu vergleichen vor allem durch folgende Technologien: großflächige Spiegel, Fotografie, Film und Personenwaage.

2. Beschränktheit
Das Schönheitsideal hat nicht viele Facetten, keine Vielfältigkeit sondern Beschränktheit. Grundsätzlich handelt es sich um westliche Schönheitsstandards (hinsichtlich Hautfarbe, Gesichtszüge, Körperbehaarung usw.) und die Körper müssen schlank und fit sein. Die oft beschworene Vielseitigkeit (oder Individualität) ist nicht bei den Körpern möglich, sondern eher bei der Kleidung und hier im Vergleich zu früher werden einfach mehrere Modetrends nebeneinander akzeptiert, also kurzer Rock oder langer Rock, hier kann man wählen.

Weil der moderne Mensch sich aber nichts vorschreiben lassen will und Entscheidungs- und Gestaltungsmacht über seinen Körper besitzen möchte, wird eben immer behautet, es handelt sich um die eigene Entscheidung, um den eigenen Willen.

3. Machbarkeit
Nicht mehr Kleider machen Leute, sondern Körper machen Leute. Die Verlagerung ästhetischer Standards von der Kleidung auf den Körper ging einher mit der Entwicklung

stark invasiver Körpertechnologien. Je mehr vom Körper gezeigt wird, desto wichtiger ist seine Form.

Die körperliche Erscheinung wird zu einem Konsumgut und der eigene Körper zu einem Kapital. Schönheit herzustellen oder herstellen zu lassen kostet Zeit und Geld und ist deshalb nicht für Jedermann in gleichem maße machbar = Scheindemokratisierung des Aussehens.

Aber das Individuum hat Verantwortung: ist der Körper nicht von Natur aus perfekt, dann muss man ihm auf die Sprünge helfen, denn: gesund, schlank, fit = leistungsfähig. Und was die Kosten anbelangt, Schönheits-OPs gibt es auch schon auf Ratenzahlung. Also: permanente Optimierung = unternehmerisches Selbst. Schönheit ist nicht naturgegeben, sondern ist der persönliche Verdienst.

4. Nutzen
Der Schönheit wird Macht zugeschrieben. Die verbreitete Meinung: Attraktivität hilft im privaten und beruflichen Leben.

Die permanente Botschaft (z. B. in den Medien): „Schönheit bringt Vorteile" ist zum einen ein Marketingaspekt und wird zugleich vom Individuum verinnerlicht.

Aber: Der Nutzen der Schönheit ist kein verlässlicher, denn die Schönheitsnormen sind einem ständigen Wandel unterworfen und die Normen sind immer nur in Beziehung zu anderen relevant. Daraus entsteht ein permanenter Prozess der Selbstoptimierung.

Weil wir wissen, dass unser Aussehen bewertet und beurteilt wird, nimmt uns dies den freien Willen, denn jeder will möglichst gut abschneiden. Und deshalb unterwerfen wir uns der Norm = wieder Foucault: „Überwachen und strafen".

Heute ist Schönheit ein hoch kultiviertes Geschäft mit der menschlichen Sehnsucht nach Glück.

Das Versprechen von Glück durch Schönheit führt in die Irre, denn die Schönheit ist vergänglich und die Wirkung wird von außen verliehen, es reicht nicht, wenn wir uns selbst als schön empfinden.

Das Versprechen von Wohlbefinden, Glück und Erfolg ist nicht nachprüfbar – im Zweifel hat das Individuum nicht hart genug an sich gearbeitet.

4. These

Schönheitschirurgie als Ausdruck aktueller Biopolitik befindet sich auf dem Weg zur Normalität

Grundlage zwei Aufsätze:
Sabine Maasen: Bio-ästhetische Gouvernementalität – Schönheitschirurgie als Biopolitik
Barbara Meili: Experten der Grenzziehung – Eine empirische Annäherung an Legitimationsstrategien von Schönheitschirurgen zwischen Medizin und Lifestyle

Beide Aufsätze in:
Paula-Irene Villa (Hg.): Schön normal. Manipulationen am Körper als Technologien des Selbst

Sabine Maasen:
Die Schönheitschirurgie ist eine hoch ambivalente Technologie des Selbst geworden, sie hat sich trotz aller Kritiken durchgesetzt und hat eine erstaunliche Akzeptabilität, sie ist Ausdruck aktueller Biopolitik geworden.

Was verstehen wir unter Biopolitik:
Die seit gut zwei Jahrzehnten anhaltende gesellschaftliche Thematisierung und Regulierung der Anwendung moderner Naturwissenschaft und Technik auf den Menschen. Im Visier dieser Politik steht vor allem die Fortpflanzungsmedizin und Humangenetik, zunehmend auch die Hirnforschung, aber auch die kosmetische Chirurgie. Biopolitik reagiert auf Grenzüberschreitungen. Es geht um die Frage, ob wir dürfen, was wir können (Daele 2005).

Biopolitik, als Regulierung der Gesellschaft durch das Leben seiner Mitglieder ist heute „nicht nur Aufgabe staatlicher Rechtssetzung, sondern auch souveräner Subjekte, die als mündige Bürger und verantwortungsvolle Eltern medizinische und biotechnologische Optionen hinterfragen sollen" (Lemke 2007). Die Individuen übernehmen das Bodymanagement und hierzu gehört auch die Schönheitschirurgie.

Biopolitik bezeichnet eine moderne Form der Macht (Foucault): auf die individuelle Selbstführung wird Einfluss genommen, denn wissens- und technologiebasierte Herrschaftstechniken verknüpfen sich mit wissens- und technologiebasierten ‚Praktiken des Selbst'. Auch die Wirkung schönheitschirurgischer Angebote ergibt sich ja in aller Regel nicht durch Zwang, sondern aufgrund des individuellen Eindruckes, zu einer Optimierung selbst etwas beitragen zu können und eigentlich auch zu müssen.

Heute haben wir also einen ambivalenten Druck zur ästhetischen Selbstregulierung. Dieses Phänomen nennt Maasen **bio-ästhetische Gouvernementalität.** Einer ihrer Elemente ist die Schönheitschirurgie.

<u>Was verstehen wir unter Gouvernementalität:</u>
Nicht nur Zwang, sondern auch Freiheit kann Macht ausüben. Denn freie Entscheidung
erfordert Disziplin (Foucault: der disziplinierte Körper). Die von Foucault analysierte
„Gouvernementalität" (Regierungskunst) steht für Herrschaft im Einverständnis des
Beherrschten und dies zeigt sich insbesondere am Körper. Bezüglich Schönheitsideal:
äußere Zwänge und Normen werden als innerer Wunsch interpretiert. Deshalb hat die
Technologie des Selbst (das Individuum ist sein eigener Produzent, es übernimmt für
seinen Körper, sein Image, seinen Erfolg und sein Schicksal selbst die Verantwortung)
ein Doppelgesicht: Technik der Freiheit und Technik der sozialen Unterwerfung.

<u>Was ist ausschlaggebend für die Akzeptabilität von schönheitschirurgischen Eingriffen:</u>
1. Das Optimierungsmotiv: das frei gewählte Schönheitshandeln stellt auf die individuelle Maximierung von Lebenschancen ab.
2. Das Gemeinwohlgebot: Jeder hat für sein Wohl selber zu sorgen und die Kosten
zu tragen. Es gilt der Gesellschaft Kosten für einen Körper zu ersparen, dessen
mangelnde Attraktivität, Vitalität, Leistungsbereitschaft etwa Chancen auf dem
Beziehungs- oder Arbeitsmarkt verringert oder zunichte macht.
Das Optimierungsmotiv und das Gemeinwohlgebot verweben sich zum zentralen Mo-
vens für die Akzeptabilität schönheitschirurgischer Eingriffe. Und diese Praxis kommt
gar nicht technisch oder politisch daher, sondern als persönliches Identitäts-, Glücks-
und Erfolgsversprechen!

<u>Bio-ästhetisches Narrativ:</u>
Jeder kann mit Geld und Leidensfähigkeit schöner werden. Wer schön ist, fühlt sich gut
und hat Erfolg. Diese Meinung wird multipliziert durch Bücher, Medien usw. Im Zentrum
dieses Narrativ stehen Argumente der Normalisierung, es geht nicht mehr darum die
Schönste zu sein, sondern man hat Angst zurückzubleiben, aus der Mitte der Gesellschaft
herauszufallen. Es kristallisieren sich Zonen des Normalen heraus, die dann Orientie-
rungswert für die Individuen gewinnen.
Aufbau des Narrativs: zunächst unterscheidet man zwischen kosmetischer und Wiederherstellungschirurgie. Steigende Zahlen und Umsatz beweisen eine breit kommunizierte
Bereitschaft den Körper zu korrigieren. Es entsteht „Denormalisierungsangst", gehört
man noch zum Durchschnitt akzeptabler Körper. Die Normalisierung der Schönheitschirurgie verweist auf Nachbarschaft zur Diät, Permanent Make-up, Bodybuilding usw. und
man spricht nicht von Kosten, Mühen und Leiden. Und letztlich auch die Kommodifizie-
rung: Schönheit kann man kaufen und so seinen individuellen Marktwert erhöhen, die
Kosten kann man in Raten bezahlen, Schönheit ist also kein Bedürfnis mehr, sondern
nur eine Frage der Entscheidung. **Das bio-ästhetische Narrativ webt ein dichtes Netz
aus Normalisierungen, dem man sich immer weniger entziehen kann.**

<u>Wie reagieren Frauen:</u>
Sie handeln konsequent und kompetent. Meinung Maasen: schönheitschirurgische Eingriffe können von Frauen als Resultat souveräner Entscheidung betrachtet werden (Nina Degele: sie ist nicht der Meinung, dass Schönheitschirurgie eine ganz private und
nicht außengelenkte Angelegenheit sei).
Maasen: Interview von 20 Frauen: die Frauen haben sorgfältig überlegt und die Hoff-
nungen, Risiken und Leiden ausbalanciert. Sie haderten mit einem Druck von außen und
mit ideologischen Bedenken. Die Frauen sehen sich auch zu dem Schritt berechtigt,

wenn keine anderen Möglichkeiten zum gewünschten Ergebnis geführt haben. Die rauen müssen entscheiden und dann aber auch die Entscheidung bewältigen (Prozess einer Schönheits-OP: ein Prozess des Lösens und des Verbindens).

Problem: Wir leben in einer Kultur, in der der richtige Körper mit Charakter und darüber hinaus mit Erfolg gleichgesetzt wird. Und mit ihrer Handlung reproduzieren die Frauen das ideologische Grundgerüst der modernen westlichen Kultur – sie bestätigen die Meinung, wonach die äußere Erscheinung mit dem Charakter indiziert wird.

Eine ablehnende Haltung gegenüber Schönheitschirurgie mit dem Argument „Integrität der menschlichen Natur" verliert angesichts der Begriffe von Freiheit und Individualität an Gewicht.

Was waren die wichtigsten Entwicklungen zur Durchsetzung der neuen Norm selbstgewählter Körpergestaltung:

Medizinisch-technische Errungenschaften, Ideologie der Aufklärung (Verantwortung für den eigenen Körper) sowie die mediale Bildwelt schöner Körper. Im Ergebnis dieser Entwicklung hat der Druck auf das Ästhetische stark zugenommen.

Was ist Schönheit:

Variiert in der historischen Zeit, zwischen den Kulturen und Subkulturen. Aber es gibt einen wachsenden Druck Schönheit zu erlangen und dieser korrespondiert mit der Steigerung der Anstrengung Schönheit zu erlangen.

Die Herstellung von Schönheit:

Ist ein Gewebe von Diskursen und Praktiken, also was Foucault Selbsttechnologie nennt. Die Technologie des Selbst ist mit anderen Technologien verbunden, z. B. Technologie der Produktion (Schönheitsindustrie), Technologie des Zeichensystems (Diskurs über Körperverbesserung) oder Technologien der Macht (Genderasymmetrien). Durch die Wechselwirkung ist die Technologie des Selbst zum einen Freiheit und zum anderen soziale Unterwerfung (auch Max Weber: Folge von Modernisierung = Freiheit in der Lebensführung aber rigide Eigenkontrolle)

Es wird versucht, das unternehmerische Selbst doch wieder regierbar zu machen:

Osborne: Wir haben neoliberale Bedingungen = ein Netzwerk der Freiheit, in die unsere Existenz eingebunden ist. Dies sind Netzwerke des Vertrauens, des Risikos, der Wahl. Unabwägbarkeiten sollen überwunden werden, sie haben keinen Platz. Also muss eine kontinuierliche Beobachtung und Regulierung der Normen stattfinden. Anders ausgedrückt: es sind Formen der Freiheit, die uns aber in das ganze Kontinuum akzeptabler Formen einbinden.

(Mit eigenen Worten: es wird uns Freiheit suggeriert, aber auch die Freiheit ist eine Technologie, die uns durch gesellschaftliche Normen die richtige Art der Selbstführung vorgibt, wir müssen uns immer in einem gesellschaftlich akzeptablen Rahmen befinden, wir müssen der jeweilig gültigen Norm entsprechen.)

Fazit:
Schönheitschirurgie stiftet eine spezifische Form von Sozialität. Körper machen Leute (und schlanke Körper machen einen schlanken Staat).

Barbara Meili:

Schönheitschirurgie boomt und mit zunehmender Verbreitung hat auch ein Wandel in der gesellschaftlichen Bewertung stattgefunden.

Die Schönheitschirurgie kämpft um Anerkennung und will einen Platz innerhalb der Medizin, sie steht aber im Schnittpunkt zwischen Medizin und Kosmetik, zwischen Gesundheit und Lifestyle.

Begriff Schönheitschirurgie:
Lieber wird der Begriff ästhetische Chirurgie verwendet = Spezialdisziplin aus der plastischen Chirurgie. Plastische Chirurgie ist der Oberbegriff und umfasst auch die rekonstruktive und Wiederherstellungschirurgie.
Also: rekonstruktive Chirurgie = Wiederherstellung eines ursprünglichen Zustands, Beseitigung sichtbarer Defekte durch Krankheit oder Verletzung (etwa Unfall oder Krieg). Ästhetische Chirurgie = Korrektur von Schönheitsfehler, keine Geburtsgebrechen oder Missbildungen, also ästhetische Verbesserung. Hier kommt in der Regel ein zusätzlicher Aspekt ins Spiel: Heilung des psychischen Leidensprozess.

Legitimationsproblem der Schönheitschirurgie:
Fakt ist, dass die Schönheitschirurgie nach wie vor stark um gesellschaftliche Legitimation ringt. Die Legitimität steht in Verbindung mit der Klassifizierung des Eingriffs als ästhetische oder rekonstruktive Maßnahme. Die Begriffe sind in der Verwendung oft nicht eindeutig, jeder rekonstruktiver Eingriff hat auch ästhetische Merkmale. Also: begriffliche Unschärfe und variierende Legitimation.

Kritische Einwände zur Schönheitschirurgie: 1. jeder operative Eingriff birgt medizinische Risiken; 2. wie weit darf die Verfügung über den menschlichen Körper gehen und 3. feministische Kritik wegen Unterwerfung unter gängige Schönheitsnormen und dadurch Reproduktion von Herrschaft.

Meili hat wie Legitimationsstrategien von Chirurgen herausgearbeitet und miteinander verglichen, beide zielen auf Normalisierung der Schönheitschirurgie ab:
1. Einbettungsstrategie = Legitimation der Schönheitschirurgie als Teil der Medizin, man lehnt sich an die rekonstruktive Chirurgie an, schon deshalb, weil eine Grenze oft schwer zu ziehen ist und direkt über das Konzept der psychischen Gesundheit.
2. Abgrenzungsstrategie = Legitimation als Dienstleistung für den mündigen Bürger, die Möglichkeit, sich als zahlender Kunde freiwillig schönheitschirurgischen Behandlungen zu unterziehen, wird von allen Befragten als legitim bezeichnet, der Kunde ist mündig, ist mitverantwortlich, er übernimmt die Kosten.

Welche gesellschaftlichen Rückwirkungen werden durch Schönheitschirurgie ausgelöst:
Es gibt eine normierende Wirkung auf der Makroebene, denn die Anpassung an Schönheitsideale führt zur Reproduktion eben dieser und schließlich zu einer Pathologisierung der Variabilität.

Die Schönheitschirurgie auf dem Weg zur Normalisierung:
Trotzdem sich die Schönheitschirurgie auf dem Weg zur Normalisierung befindet - die gesellschaftliche Beurteilung befindet sich im Umbruch – besteht ein großer Legitimationsbedarf.

Viele Autoren nehmen bei der theoretischen Verortung der Schönheitschirurgie eine Anbindung an Foucault vor: so kann Schönheitschirurgie ein Ausdruck von Disziplinierungs- und Normierungstendenzen gelesen werden.

Maasen: sie sieht in der Schönheitschirurgie eine „Selbst-Technologie", denn der technologische Fortschritt habe den Körper optional werden lassen. Die Arbeit an dem Körper ist zum gesellschaftlichen Imperativ geworden.

Wer sich der ästhetischen Chirurgie verschließt, verschließt sich auch einem realen Bedürfnis vieler Menschen. Bestimmte Anforderungen an das Aussehen finden zudem breite Anerkennung und das Erreichen entsprechender Ziele fällt teilweise in den Bereich der Medizin.

Die Chirurgen fungieren als Legitimationsinstanzen, die den Normalisierungsprozess vorantreiben.

Fakt ist auch ein Anstieg von Schönheits-OPs.

Wir werden uns der Schönheitschirurgie in Zukunft nicht entziehen können. Deshalb ist es wichtig, dass die Soziologie ein Auge darauf hat, denn es ist eine Schlüsselstelle komplexer Problem des Umgangs mit dem Körper, der Natur und der menschlichen Identität.

BEI GRIN MACHT SICH IHR WISSEN BEZAHLT

- Wir veröffentlichen Ihre Hausarbeit,
  Bachelor- und Masterarbeit

- Ihr eigenes eBook und Buch -
  weltweit in allen wichtigen Shops

- Verdienen Sie an jedem Verkauf

Jetzt bei www.GRIN.com hochladen und kostenlos publizieren